첫사랑을
되찾고파

오 혜 령 · 영 성 묵 상 기 도 집

도서출판
이유

오혜령 영성묵상기도집

| 강 여 울 | 풀 씨 처 럼 | ①

첫사랑을 되찾고파

ⓒ  2003

글쓴이 · 오혜령
펴낸이 · 김래수

초판 인쇄 · 2003. 11. 25
초판 발행 · 2003. 11. 30

기획 · 장숙미
편집 · 김성수 · 한진영
북디자인 · N.com (749-7123)
분해, 제판 · 성광사 (2272-6810)
인쇄 · 청송문화인쇄사 (2676-4573)

펴낸 곳 · 도서출판 이유
주소 · 서울특별시 동작구 상도5동 103-5 성은빌딩 3층
전화 · 02-812-7217 팩스 · 02-812-7218
E-mail · eupub@hanafos.com
출판 등록 · 2000. 1. 4 제20-358호

ISBN 89-89703-35-2 04230
ISBN 89-89703-34-4(세트)

| 강 여 울 | 풀 씨 처 럼 | 1

첫사랑을
되찾고파

오 혜 령 · 영 성 묵 상 기 도 집

황홀한 예감

주님,
어인 까닭일까요?
어깨춤이 추어집니다
콧노래가 절로 나옵니다
당신께서 기쁜 소식 주실 거죠?
오늘,
한 직감이 왔습니다
당신이 저를 찾아오시리라는

계신 곳만 말씀해 주십시오
냉큼 달려가오리다
바람은 여전히 차갑고
봄은 아직 멀었사오나
황홀한 예감에
사로잡힙니다

주님,
제가 왜 이렇게 기쁜지
그 까닭을 알아냈습니다
당신의 약속 때문입니다
당신이 더욱 사랑해 주시마는
그 확실한 약속에
전존재를 걸었기 때문입니다
당신 사랑 하나로 세상을
신바람나게 가로지를 것입니다

기도할 수 있도록
에너지를 주신 당신의 은총이
저의 기쁨의
두 번째 이유입니다
쉬지 않고 기도했고

눈이 붓도록 울며 엎드렸고
중보기도자로 서서
밤을 살라먹었으므로
낮이 더욱 환하게 핀 것입니다

주님,
제가 사랑하고 저를 사랑하는
「평화의 집」 가족,
영성가족과 함께
당신 나라로 시선을 정향하도록
같은 포도나무에 붙어 있는
가지들로 삼아 주신 것이
너무 행복하고 감사하여
춤추다 노래하다
울다 웃다 합니다
한 해 내내
지상최대의 환희를
누릴 것만 같은
황홀한 예감에 시달립니다

주님,

또 하나, 끝으로,

제가 기뻐서 어쩔 줄 모르는 이유는

바로 이것입니다

저를 어여삐 볼 이유가 없으며

제 책을 펴내 줄 이유가 없는

도서출판 「이유」가

저의 책을 떠맡았기 때문입니다

앞길 창창한 묘목이

쓰러져가고 있는 고목을 잡아

일으켜 세워 준 것,

이보다 더 큰 기쁨의

이유가 어디 있겠습니까!

그 「이유」에

저를 접목시켜 준

저의 주치의의 인도와 애정 또한

오늘의 기쁨의 이유인 것을 아시죠?

일일이 나 이름 부르지 않아도

저의 손가락이 되어 준 막내딸에게
주님,
기쁨의 복 내려 주옵소서
글을 쓰는 동안 줄곧
작정기도 해주며 색인을 달아 준
요한을 비롯하여
사랑하는 가족들과 이웃들에게도
넘치는 기쁨의 복을 내려 주옵소서
특히 안절부절 못하며
끝없는 사랑을 부어 준 남편에게도
환희의 복을 부어 주옵소서

첫번째 묵상기도집보다
훨씬 쉽게 불러 주신 당신께
감사와 찬양을 드리오며
무엇보다 표준새번역을 본문으로 삼도록 하신
당신의 깊으신 뜻에 순종합니다
365일
열두 달 동안

이 영성기도문이
사랑하는 모든 이들의
인생서시가 되게 해 주옵소서

주님,
올해에는 깜짝 놀랄 만한
일들이 잇대어 일어날 것 같은
행복한 예감이 자꾸 듭니다
영문은 알 수 없지만
까닭없이 베풀어 주시는
당신의 사랑과
은총을 기다리며
황홀한 예감의
강가에 서 있습니다

아멘

첫사랑을 되찾고파

♣ 주님께서 당신들을 고이 보시어서,
당신들에게 평화를
주시기를 빕니다. (민 6:22-27)

당신을 웃겨드릴래요

아버지 하나님,

저는 당신이 웃으시는 밝은 얼굴을

날마다 눈앞에 그린답니다

복을 내리시며 지키시며

귀엽게 보아 주시며 은혜를 퍼부어 주시는

가득한 평화를 원한답니다

제가 죄를 지었을 때도

당신은 웃고 계셨죠

웃고 계셨던 당신 얼굴을

회상하고 있답니다

잠시 눈살을 찌푸리셨다가도

이내 미소 지으시던 그 얼굴
당신의 환한 얼굴에 반했답니다

웃으시는 하나님,
당신은 처음부터 저에게
희색만면의 표상이셨답니다
대견한 듯 바라보며
잔잔하게 웃는 어머니 얼굴,
회초리를 들었다가도
무릎꿇고 빌면

단박 웃음 터뜨리는 아버지 얼굴,
짜증부리며 울다가도
장난감 주면 깔깔 웃는 천진한 아기 얼굴,
처음 만나도 낯설지 않은
해맑게 미소하는 수도자의 얼굴,
이 얼굴들은 영락없는
당신의 얼굴이랍니다
그래서 저의 어머니, 아버지,
아기, 수도자의 얼굴에서
웃으시는 당신을 본답니다

하나님 아버지,
그렇다고 당신은 사랑이시므로
제 맘대로 하겠다는 것이 아니랍니다
제가 저지른 잘못을 보시고도
조용히 웃고 계실 때에
저는 마음이 콕콕 찔려 돌아서서 운답니다
무조건 끝까지 참아 주시지만은 않는
정의의 하나님이심을 알기 때문이랍니다

저희 위에 날마다 복을 마련하시고

복을 빌어 주도록 기름 부은 종들을

곳곳에 세워 놓으시면서도

끝내 당신과 얼굴 마주치지 않으면

그 복을 거둬 가신다는 것을 알고 있답니다

제가 해서는 안 될 일을 할 때

당신은 씁쓸하게 웃으시는 것을 안답니다

그 웃음을 잘못 해석하지 않으렵니다

회개도 하지 않고

이미 모든 죄를 용서받았노라고

거짓말하지 않으렵니다

먼저 용서하시고 웃으시면

양심의 가책을 받아

당신께로 곧 돌아설 것을

믿으시는 당신의 관용과

사랑 앞에 고푸라지렵니다

아버지,

일평생 딩신께 사랑 받이

은총과 복에 겨워 사는 이 몸,
단 하나 소망이 있다면
당신을 웃겨드리는 일이랍니다
그간 저 때문에 겪으신

고통을 모두 잊으시도록,
그동안 저로 인하여 당하신
슬픔을 전부 잊어버리시도록,
그리하여 한바탕 흔쾌하게 껄껄 웃으시도록,
너무 우스워서 배꼽 빠지겠다고
그만 웃기라시며 눈물을 흘리시도록,

제가 웃을 때처럼

당신도 방바닥을 구르며 웃으시도록,

웃기고 웃겨드리고 싶답니다

당신이 가장 좋아하시는

통회의 눈물을 흘리고 또 흘려

당신께 웃음을 선사하고 싶답니다

언제 복이 다시 왔는지

어느 때쯤 평화가 수북하게 쏟아졌는지

눈치채지 못할 정도로

당신을 웃겨드리고 싶답니다

그러다가 저도 너무 웃어서

더 이상 웃을 수 없게 되어

당신의 웃음 속으로 들어가

웃음 한 방울 되고 싶답니다   † 아멘

♠ 진실로 주님께서는 자신을
숨기시는 하나님이십니다. (사 45:15)

당신 몰래

숨바꼭질의 명수이신 하나님,
오늘 이른 아침
저를 바라보시는 시선을
등 뒤에서 느꼈습니다
등줄기가 후끈해지며
당신의 손이 와 닿았습니다
얼마나 울었는지 아십니까?
저도 몰래 저를 보살피시고
아무도 몰래 저를 키워 주신
당신을 만났기 때문입니다
당신 말씀이 저를 더 울립니다

당신도 몰래 저를 안고 계셨다고요

숨바꼭질의 명수이신 하나님,
이제 숨어 계신 그 곳에서 나와
당신 얼굴의 빛살을 어서 비춰 주십시오
나사렛에 숨겨 놓으셨던 손,
갈릴리에 숨기신 발,
겟세마네에 숨겨 놓으신 얼굴,
골고다에 숨기신 몸을
드러내 보여 주십시오
아무리 숨기셔도 드러나시며
몰래 일하셔도 밝혀지오니
당신 거룩한 현존 안에서
날마다 행복의 노래를 부르도록
제 곁을 떠나지 마십시오
저도 당신 몰래, 당신을 위한 옷 한 벌
지어 드리고 싶어서요   † 아멘

비록 들리지 않아도

아, 창조주 하나님,
낮밤이 교송하는
당신 창조의 아름다움을 통해
당신의 영광송 듣기를 원합니다
안 들려도 들을 줄 안 다윗에게서
보는 것이 곧 듣는 것임을 배웁니다
이것이 바로 '보면서 듣는 기도',
'관상을 통한 묵상기도' 로군요
듣기 위해서는 먼저 보고
그 다음엔 경탄하고요
곧 찬양으로 넘어갑니다

광대무변한 우주를 바라보며
다윗처럼 놀라고 싶습니다
당신이 지으신 피조물에게서
당신의 숨결을 듣고 싶습니다
당신의 침묵을 듣고 싶습니다

하나님,
당신이 지어 내신 하늘을 볼 때마다
창조주이신 당신의 음성을 듣게 해 주소서
속삭임으로 들리는 하늘영광의 선포는
하늘이 속삭이는 창조주 자랑입니다
지음 받은 하늘이
어찌 지으신 분을 찬양하지 않으오리까!

맨처음 창조된 하늘이
큰 소리로 떠벌이지 않고
조용히 속삭여
나머지 피조물들이 우렁차게 찬양할 여지를
한없이 남겨 놓다니,
이 얼마나 아름다운 겸손입니까!
겸손 자체가 영광임을 믿습니다

오, 창조주 하나님,
창공에 어려있는 당신의 솜씨를 보며
당신 말씀을 듣는 연습을 하게 하소서
낮의 해, 밤의 달과 별들
신묘하게 지으신
창공 위의 것들을 보며
당신이 '보니 좋더라' 하신
말씀을 듣게 하옵소서
낮과 낮, 밤과 밤이 통교하며
당신의 영광을 전해 줍니다
비록 당신은 안 보이셔도

당신의 일을 보고 영광을 드립니다
창조주의 선업에 대한
공동찬미를 종용합니다
노을과 황혼,

별들의 입장과 퇴장,
달의 떠오름과 스러짐……
이들이 침묵 속에 노래하는 노랫말들을
낱낱이 듣게 하옵소서
비록 아무 소리 들리지 않아도
세상 구석구석
당신 영광의 찬미가 울려퍼지게 하옵소서

낮의 찬양을 맡은
으뜸 독창자 태양은
생동감 넘치게 열기를 뿜으며
영광의 근원을 일깨워 줍니다
온누리에 생명을 불어넣는
해를 통해서
당신 영광을 절창하오니
피조물들을 통한 표징을,
당신의 말씀으로 이해하게 하옵소서

창조주 하나님,
봄으로써 듣는 연습을 하게 하소서
분명히 말씀하셨는데
못 들은 척 잡아떼지 말게 하소서
반복되는 말씀,
일상에 들려온 말씀,
충격적으로 찌르신 말씀,
새의 지저귐,
느닷없는 편지 한 통,

이 모두는

침묵 속에서

당신께서 우리에게 들려 주고 싶어하시는

말씀임을 깨닫게 해 주옵소서

물론 당신은 말씀이시기에

실제로도 말씀하심을 믿습니다

비록 들리지 않아도

봄으로써 들을 수 있는

믿음을 주옵소서

이미 저희에게

당신의 침묵을

보고 만지고 들을 수 있는

은총이 임한 것을 기뻐합니다   †아멘

♣ 내가 이기는 그 날은
지체되지 않는다. (사 46:13)

그 날이 머지않아

승리의 하나님,

당신께서 이기실 날이

머지않았다고요?

예, 당신은 항상 이기십니다

넉넉히 이기십니다

당신의 승리는 곧 저희의 구원이오매

즐거이 구원을 노래합니다

당신께서 저희에게 입혀 주실

당신의 영광을 노래합니다

한번 말씀하신 것은

반드시 이루고야 마시며

한번 세우신 계획은
그대로 실현시키시는 당신이심을,
무엇이든지 당신 뜻대로
완성시키시는 당신이심을,
어느 누가 모르리이까!

줄곧 이겨오신 하나님,
자주 세상과의 싸움에서 지고
목표를 잃고 의기소침하며
신앙마저 흔들려
자신과의 대결에서 패배하는 저희에게
당신은 큰 위로로 격려해 주십니다
당신의 승리는 곧 저의 승리임을

일깨워 주십니다
당신 승리의 증거를
'어제'에서 보라 말씀하십니다
이제 곧 시작하실
'내일'의 새로운 일에서
승리의 전조를 보라 하십니다
지체없이 이루어질 승리의
밑그림을 보라십니다
그 날이 머지않았음을
전적으로 믿고 기뻐하라시는군요
예, 당신은 이미 이기셨습니다
싸우시기 전에 이기셨고
싸우시지 않아도 이기신 것이며
싸우신 다음엔 물론 이기십니다
영원히 승리하신 당신을
이제로부터 영원토록 높이 기립니다　✝아멘

♣ 너희 모든 목마른 사람들아,
　어서 물로 나오너라. (사 55:1-3)

당신의 샘으로 나아옵니다

새록새록 아름다우시고 새로우신 아버지,
이전 것은 지나갔으니 뒤돌아보지 말라,
그것들이 새것이 되었다고 말씀하시오니
가슴 설레며
그리스도 안의 새 사람으로
당신의 시간 안에서
새 땅 새 하늘을 바라보나이다

목마른 저희들을 오라고 부르시는 아버지,
당신께서 파 놓으신 샘물로 나아오나이다
갈증을 느끼면서도 헛고데 정신 쓰느라

생수가 솟는 당신께로 가지 못했던
묵은 날들을 정리하고 싶나이다
영원히 다시 목마르지 않을 영생수를 부어 주셔서
'목마르다, 목마르다' 하며
또다시 방황하지 않도록 도와 주소서
당신께로 와서 생수를 마심으로써
저희 몸에 생기가 솟게 해 주옵소서

새록새록 새로우시고 아름다운 아버지,
옛날 것은 가버렸으니 뒤돌아보지 말라,
그것들이 전혀 새것이 되었다고 말씀하시오니
그리스도 안의 새로운 피조물로
가슴 벅차게
새 땅 새 하늘을 바라보나이다
먹을 것 없는 저희들에게 오라십니까
돈 없이 양식을 사 먹으라 하십니까
기름진 것을 푸짐하게 먹으러 왔나이다
아무리 먹어도
배부르지 않은 양식을 사 먹느라고

보배로운 시간 허송한 어제들을 회개하며
이제 당신께 귀기울이고
말씀이라는 맛 좋은 음식을 먹으러 왔사오니
풍성하게 먹여 주시옵소서
저희 몸에 생기가 솟게 해 주옵소서

먹고 마실 것을
가득가득 마련해 놓으시고
초청해 주시는 아버지,

이제부터는 달콤한 음식만을 찾아다니는
구태의연한 생활을 과감히 끊어 버리고
시큼하고 짜고 맵고 더러는 쓰디쓴 말씀을
양식으로 주신다 해도
거기에 저희를 살리는
모든 것이 들어있음을 깨닫고
편식하지 않고 잘 받아 먹고 마시겠나이다
새해에는 새 계명을 실천하여
서로서로 사랑하는
새 사람이 되게 해 주옵소서
당신께로 나아와 생수를 마시려 하오니
저희 몸에 생기가 솟게 해 주옵소서   † 아멘

♣ 하나님의 형상을 따라 참 의로움과
참 거룩함으로 지으심을 받은
새 사람을 입으십시오. (엡 4:23-24)

새 사람으로 갈아입고

당신의 형상대로 인간을 창조하신 하나님,

원조 아담의 범죄로 당신 형상을 잃고

타락한 모습으로 살아가는 저에게

재창조의 빛을 비추시어

새 사람으로 갈아입게 하시오니 감사합니다

예수 그리스도를 본받아

사랑할 수 없는 자도 사랑할 수 있는

사랑의 사람으로 만들어 주시고자

예수추종의 생활로 인도해 주시니 감사합니다

순간마다 날마다

세상이냐 예수냐에서

예수님을 선택하는 삶을
살도록 해 주시니 감사합니다
옛 것과 새 것은 공존해서는 안 되며
새 자아의 재건을 통하여
처음부터 새롭게 시작해야 한다는
믿음을 주시오니 감사합니다
의롭고 거룩한 진리의 생활을 하는
새 사람을 입게 해 주십시오

당신의 모상대로 인간을 지으신 하나님,
아담의 원죄로 그 형상을 잃고
타락한 모습으로 살아가는 저에게
재창조의 빛을 비추시어
마음의 영을 새롭게 해 주시오니 감사합니다
내 뜻을 버리고 아버지의 뜻에 순종하여
회개를 통해 인식을 전환하도록
날마다 불러 주시니 감사합니다
말과 행동이 따로따로가 아니라
진리와 일치할 수 있는 삶으로

초청해 주시오니 감사합니다
새 사람으로 건너갈 수 있는
은총을 허락해 주시고
그 은총을 가득히 받을 그릇까지도
준비하게 해 주옵소서
새 자아의 탄생을 통하여
새해부터 다시 시작할 수 있는
용기를 주옵소서
올바르고 거룩한 진리의 생활을 하는
새 영으로 거듭나게 해 주옵소서 † 아멘

♣ 주님이 나의 빛, 나의 구원이신데,
  내가 누구를 두려워하랴? (시 27:1)

나의 빛, 나의 구원

우리의 구원이신 예수여,
새해의 문을 활짝 열어 주시며
당신 구원의 빛을 쪼여 주시니
무량감사하나이다

우리의 빛이신 주님,
새 시간을 펼치시며
당신의 영원으로 인도해 주시니
무한감사하나이다

우리 빛이신 그리스도여,

새 삶의 계획을 세우셔서
당신의 거룩하신 뜻을 알려 주시니
무조건 감사하나이다

생명의 샘이 당신 가운데 있고
구원의 빛이 당신 안에 있으며
영광의 에너지가 당신 속에 있사오매,
당신만을 믿고 의지하는 저희는
생명 얻고 구원받고
영광도 누리리라 믿습니다
그러므로 새해의 희망은 저희 것이옵니다

사랑이 당신 속에 있고
기쁨이 당신 안에 있으며
평화가 당신 가운데 있사오매,
당신만을 신뢰하는 저희들은
사랑하고 기뻐하고
평화도 입게 되리라 믿습니다
그러므로 새해의 희망은 저희 것이옵니다

구원의 성부여,
사랑의 성자여,
희망의 성령이여,
좋고 좋으신 성삼위 하나님이시여,
올 한 해도 내내
영원한 구원을 주옵소서
타오르는 사랑을 내려 주옵소서
줄기찬 희망을 갖게 해 주옵소서   † 아멘

♣ 동방에서 본 그 별이 그들 앞에 나타나
그들을 인도해 가다가,
아기가 있는 곳에 이르러서,
그 위에 멈추었다. (마 2:1-12)

빛에서 나오신 빛이시여

한 별이신 아기 예수여,
한 별을 보고 달려온 동방박사들이
당신이 누워 계신 마굿간으로 들어가
당신이 왕이심을 발견하고 엎드려 경배했듯이,
저희도 당신이 암흑 가운데 오신 빛나는 별이심을
알아뵈오며 무릎꿇어 경배합니다
죽음 가운데 오신 생명의 별이심을
깨닫고 무릎꿇어 경배합니다
슬픔 가운데 오신 희망의 별이심을
인식하고 무릎꿇어 경배합니다

빛에서 나오신 빛이시여,
과거에 감춰 놓으셨던 신비를 드러내시며
우리의 구세주로
사람의 몸을 입고 오셨사오니,
그리스도여, 성령으로 의로움을 입으신
당신을 찬양하며 경배하나이다
볼 수 있는 눈에게만 보이는 빛이시여,
포대기에 싸인 한 갓난아기가 머문
마굿간 위에
한 별이 불꽃처럼 빛나
만왕의 왕 우리 주님을 가리키니
그리스도여, 하나님의 사랑을 입으신
당신을 찬양하며 경배하나이다

한 별이신 아기 예수여,
오늘 우리는 별을 경축하는 잔치를 합니다
하늘의 별이 땅에 내려와
아기가 된 신비를 바라보며 환호합니다
별빛이 당신을 비추어

드러난 왕이신 아기를 보며 춤을 춥니다
그러나 별만 바라보는 자가
되지 말게 하소서

한 별이신 아기 예수여,
당신의 의미를 땅에서 찾게 하소서
당신께서 더불어 사신 사람들 속에서,
목숨을 내어 놓으신 작은 자들 속에서,
별이 된 당신을 보게 하소서

그리하여 우리도 생명을 걸고
이 땅 여기저기에서
별 되어 빛 뿌리시는 당신을 보게 하소서
그 한 별은
하늘에 달려 있는
단순한 천기누설의 암호가 아니라
진리이시며 생명이신 분이심을
우리 인생의 전부이심을
밝히 알게 하소서
그 한 별은
인생의 방향을 가리키는
한낱 손가락이 아니라,
우리가 마침내 돌아갈 목표이며
분명한 푯대임을 깨닫게 하소서   †아멘

♣ 마음이 깨끗한 사람은 복이 있다.
그들이 하나님을 볼 것이다. (마 5:8)

마음이 깨끗한
사람이 되고 싶어요

행복을 선언하신 주님,

그 행복을 누리고 싶습니다

그러나 마음이 깨끗해야 행복하다면서요?

그런데 저는

마음이 더러워 행복을 못 누리겠군요

주야로 당신 곁에 머물러

말씀의 진국을 빨아 먹고 싶어요

세상의 행복엔 연연하지 않고요

여기와 거기를 넘나들고

여기서 거기를 살고

여기서 거기 계신 당신을 뵙고
여기에서 거기의 지복을 맛보며
복의 차원을 넓히고 싶어요

오, 주님,
당신의 가난한 마음,
그 순백의 마음 한 조각을 떼어
저의 마음에 박아 주실래요?

당신을 뵈옵는 사람은
행복하다고 말씀하신 주님,
그 복을 차지하기 위하여
당신께서 명령하시는 것에
전적으로 순종하고 싶어요
감히 저의 졸견과 뜻을 내세우는 교만을
온전히 버리고 싶어요
당신의 뜻이 아닌 것에 집착하지 않으며
당신의 말씀이 아닌 것은 듣고 싶지 않아요
주신다는 그 복 때문이 아니라

복을 주시는 당신 한 분만으로
평생 만족한 삶을 살고 싶어요

오, 주님,
당신의 사랑의 얼굴,
그 빛나는 미소를
어서 보게 해 주실래요?

마음이 깨끗한 사람의
지복을 선언하시는 주님,
당신의 말씀대로
하나님 아버지를 뵈옵게 해 주세요

마음이 깨끗한 사람은

고통 중에도 하나님의 뜻을 볼 수 있겠죠?

어둡지 않은 밝은 마음,

허위가 없는 진솔한 마음,

내적 순결에 이른 마음을

갖고 싶어요

동기가 순수한 마음을

지니고 싶어요

이중성을 버리고

거룩한 단순성을 지니며

인간을 깊이 통찰할 수 있는

깨끗한 마음을 주실래요?   † 아멘

♣ 평화를 이루는 사람은 복이 있다.
하나님이 그들을
자기의 자녀라고 부르실 것이다. (마 5:9)

평화를 이루는 사람의 복

"너희에게 평화가 있기를!" 하시며

오늘도 당신의 평화를

저희에게 듬뿍 건네 주시는 주님,

당신만이 지니고 계신 그 참 평화를

넘치게 주시옵소서

저희 마음 안에 평화

저희 영혼 안에 평화

저희 가정 안에 평화

저희 교회 안에 평화를 주옵소서

너와 나 사이에 평화

이웃과 이웃 사이에 평화

남과 북 사이에 평화
나라와 나라 사이에
평화를 주옵소서
평화를 위한 도구 되어
하나님의 자녀되는 축복을
누리게 해 주시옵소서

"평화를 이루는 사람은 복이 있다."고
당당하게 선언하신 주님,
당신만이 지니신 그 고유한 평화를
풍성하게 부어 주옵소서
불안과 갈등이 만연한 이 땅에서

불신과 의심이 가득한 이 세상에서

불목과 증오가 팽배한 이 지상에서

평화를 만들며,

평화를 전하며

평화를 발산하는 일꾼이 되게 해 주옵소서

죄로부터 탈출함으로써 얻는 평화

악을 버림으로써 얻는 평화

굳건한 믿음을 지킴으로써 얻는 평화

충만한 사랑을 나눔으로써

샘솟는 평화를 주옵소서

평화를 이루는 도구 되어

하나님의 자녀되는 축복을

누리게 해 주시옵소서　✝아멘

♣ 주 하나님이 그 남자를 부르시며
  물으셨다. "네가 어디에 있느냐?"
  (창 3:8-10)

나는 왜 거기
있지 않고 여기 있는가!

자상하신 주 하나님,
'내가 왜 그 때 있지 않고 지금 있는가!'
'내가 왜 거기 있지 않고 여기 있는가!'
당신의 종 빠스칼은
지금도 이 명제를
저희 모두에게 던져 주고 있습니다

당신은 오늘 저희에게
"사람아, 너 어디 있느냐?"라고 물으십니다
존재론적 영역을 벗어날 수 없는

인간 피조물임을 일깨워 주십니다
존재론적 시간 안의 위치를
확인하라고 다그치십니다
예, 하나님,
어제의 시간을 먼저 회고합니다
어제 어떤 시간 안에
있었느냐고 물으신 것이죠?
당신께서 있으라고 하신
그 시간 안에 있었던가를
회상해 보라고 말씀하시는 거죠?
부끄러워 고개를 들 수가 없습니다

"사람아, 네가 어디에 있느냐?"
오늘도 분명하게 부르시는 하나님,
지금은 어떤 시간 안에 있느냐
현존재의 위치를 묻고 계십니다
어제와 오늘 사이가
왜 이토록 벌어져 있는가를
따져 물으시는 것이죠?

당신 앞에 스스럼 없이 나타나도록
당신의 모습대로 지어 놓으셨는데
어찌하여 몸을 숨기고 있으며
당신 앞에 나서지 못하는가
물음을 촉구하십니다
지금은 '존재론적 시간'이란
당신의 시간으로 들어가기 직전의 시간임을
알려 주시는 거죠?
역사적 시간에서 벗어나서
당신의 시간으로 돌진해 들어가는
과도기적 시간임을 가르쳐 주시는 거죠?
지금 우리가 그 시간 안에 있지 않으면
눈 깜빡할 사이에
어제의 시간으로 돌아가게 됨을 경고하시는 거죠?
예, 하나님,
오늘의 시간을 확인하렵니다

"아담아, 너 어디 있느냐?"
오늘도 찾으시는 하나님,

당신은 무얼 하고 있느냐고 물으십니다
당신을 뵈올 수 있는 자리에
가까이 와 있는가를 물으시는 거죠?
현재에서 미래로 가는 길에서
어느 정도 진보했는가
점검하라시는 말씀이죠?
신앙의 성숙을 위해서 한 일,
자기수련의 진보,
궁극적 관심의 시선의 방향 등을
온통 재점검하기를 원하시는 거죠?

항상 있던 그 사리에

그냥 머물러 있는 존재로서가 아니라,
앞으로 나아갈 자리에 있는
미래적 존재로서의 책임을
추궁하심을 알고 있습니다
하고 있는 일의 목표와 자세
그리고 생의 의미를 캐시며
자신이 한 일에 대한 책임을
완수하라고 말씀하시는 거죠?
보상할 것은 보상하고
벌 받을 것은 벌 받으며
다시 시작해야 할 것은 다시 시작하며

교정할 것은 교정하라시며
또 한 번의 기회를 주시는
당신의 사랑이 물씬 풍깁니다
오 하나님,
무한관계로의 정향을 요구하시며
창조주 하나님과 함께 걸어가야 할 인생길을
스스로 주도하겠다고 나서지 말라고 하시니
당신 면전으로 돌아가
그 시간부터 새롭게 시작하렵니다

"사람아, 너 어디 있느냐"라고
거듭 물으시는 주 하나님,
당신 면전에 자리매김을 하라고
명령하시는 거죠?
하나님께서 만드신 인간 피조물이
하나님을 떠난 다음에는
정체확인을 할 수 없다는 것을
알려 주시는 거죠?
당신과의 관계의 진밀노에 의해서

어떤 인간인가가 결정된다시는 거죠?

예, 하나님,

당신 방향으로 나 있는 표지판을 수시로 확인하며

순간순간 방향전환을 하렵니다

영혼의 체력을 단련하며

형제들과의 관계를 개선하며

시간 전으로 되돌아갈 수 없는

유한자임을 인식하고

우리를 향하신 영원한 당신의 계획을 따라

무한의 시간으로 들어서렵니다

우리 스스로는 절대불가능한

'시간 뛰어넘기'를 당신께 맡기렵니다 †아멘

♣ 주님께서 베냐민을 온종일
지켜 주신다. 베냐민은
주님의 등에 업혀서 산다. (신 33:12)

당신 등에 업혀 사는 귀염둥이

복의 근원이신 하나님,

날마다 순간마다

아낌없이 퍼부어 주신

갖가지 복을 헤아리며

감사와 감격에

눈시울 적십니다

해마다 달마다 보살피시고

순간마다 주마다 지켜주시는

당신 옆에서 한 해를 열도록

은총을 베풀어 주심을 감사합니다

사랑의 원천이신 하나님,
눈에 넣어도 아프지 않을
귀염둥이라 부르시며
베냐민처럼 저희를 사랑해 주시옴에
진정으로 감사드립니다
아, 저희는 당신의 귀염둥이입니다

아, 그런데 아버지,
저희가 정말 귀여우세요?
당신은 사랑 자체이시니까
이 세상 모든 자녀들을
사랑스럽고 귀엽게 보아 주시는 거죠?
아니라고요?

정말 귀엽기 때문에

귀엽다고 말씀하신 거라고요?

너무너무 감사합니다

저희는 당신께서 만들어 놓으신

큰 복덩이들입니다

그렇지 않다면

어떻게 당신의 등에 업혀서 살 수 있사오리까!

그렇지 않다면

어떻게 당신의 품안에 안겨 살 수 있사오리까!

올해도 일 년 내내

당신께서 제 옆에 계심으로

평화와 안정을 누릴 수 있도록

해 주신다 약속하시오니 진정 감사드립니다

아버지, 사랑의 아버지,

그 넓으신 어깨에 무등 태워 주소서

당신의 목을 제 두 손으로 잡고

영영 놓지 않으리이다   †아멘

♣ 잘했다! 착하고 신실한 종아!
네가 적은 일에 신실하였으니, 이제 내가
많은 일을 네게 맡기겠다. (마 25:14-30)

적은 일에 신실하였으니

사랑하올 주님,

당신의 것을 저희에게

다 주시면서까지 사랑하시는 주님,

주신 것으로 저희들이 풍족히 살고

그 중 남은 것을 당신께 드리며 생색을 내는데도

착하고 신실한 종이라고 불러 주시오니

부끄럽고도 황송하옵니다

이 쓸모없는 것들을

당신의 종으로 써 주신 것만도 감사하온데

적은 일에 신실하면

큰 일까지 맡겨 주시오니 감사합니다

왕 중의 왕이신 당신은

종 중의 종이 되셨사온데

가장 천한 종 자격도 없는 저희들이

가르치고 다스리려는 본능을 억제하지 못하여

왕노릇하고 있음을 용서하여 주소서

이제 철저한 도구의식으로

기쁘게 종노릇을 하려 하오니

종의 특권인 섬김의 도리를

충실히 수행할 수 있게 도와 주소서

'가라' 하시면 가고 '오라' 하시면 오며

이것을 '하라' 하시면

즐겁게 할 수 있는

충성심을 허락해 주소서

사랑하올 주님,
당신의 것을 저희에게
다 주시면서까지 사랑하시는 주님,
주신 것만으로 미흡하다시는 듯
덤으로 얹어 주시고
상급으로 내려 주시며
어질고 충성스러운 종이라고 불러 주시오니
황공하고도 부끄럽습니다
각자의 능력에 맞게 달란트를 주시건만
내가 하는 일은 너무 적은 일이라 생각하며
남의 사명을 부러워하고
시기질투하는 저희들이옵니다
마땅히 종이 해야 할 일을 하면서도
내 몫이 너무 짐스럽다고
힘겹다고, 하기 싫다고,
투덜거리며 하지 말게 해 주소서
이 몸이 당신 것이라고 말하면서도

내 것인 줄 착각하여 몸 사리다가

당신이 주신 사명을

버리는 사람들이 되지 말게 해 주소서

상급만을 바라보며 욕심부려

맡겨진 일을 충실히 끝내지 못하는

죄를 범하지 않게 도와 주소서

저희들 모두에게 평등한 기회를 주셨는데도

그 기회를 선용하지 못하여

당신의 마음을 아프시게 해 드리는

악하고 게으른 종이 되지 않도록 인도해 주소서

주인 앞에서 종이 어떻게 해야 하는지를

확실히 깨닫고

겸손하게 충성하는 저희가 되게 해 주소서

'오라' 하시면 오고 '가라' 하시면 가며

이것을 '하라' 하시면

기쁘게 할 수 있는

신실한 믿음을 허락해 주소서   † 아멘

♣ 내가 너와 세우는 언약은, 나와 너
   사이에 맺는 것일 뿐 아니라, 너의 뒤에
   오는 너의 자손과도 대대로 세우는
   영원한 언약이다. (창 17:1-8)

당신의 언약을 믿사옵고

몸소 나타나셔서
아브라함과 언약을 맺으신 하나님,
전능하신 하나님,
오늘 저희에게도 오시어
새로운 언약을 체결해 주옵소서

당신 앞을 떠나지 않고
흠없이 살기만 하면
세우신 언약대로 복을 내리시마는
약속의 하나님,
오늘 저희에게도 오시어

아브람이 아브라함으로 바뀌는
새 이름의 복을 주옵소서

영원한 계약을 주신 하나님,
당신을 경외하는 믿음으로
일생을 당신께 매이겠다는 응답으로
얼굴을 땅에 대고 엎드린 아브라함에게
그의 후손의 하나님이
되어 주시겠다고 확약하셨듯이
오늘 당신 앞에 엎드린
저희와 저희의 후손에게도
약속의 하나님이 되어 주옵소서   †아멘

♣ 그 무렵에 예수께서 갈릴리
나사렛으로부터 오셔서, 요단강에서
요한에게 세례를 받으셨다. (막 1:9-11)

묵은 사람을 씻어 주소서

영원하신 하나님,

요단강에서 세례를 받으신 그리스도 위에

성령을 보내심으로써

당신의 사랑하시는 아들이심을

장엄하게 선포하셨으니,

물과 성령으로 거듭나 당신 자녀가 된 우리도

당신 마음에 꼭 들게 해 주소서

그리스도께서 세례를 받으실 때

그 위에 쏟아지던 빛처럼

우리도 그 빛 안에 머물러

함께 빛나게 해 주소서

옛 아담을 완전히 물 속에
묻어버리시기 위해
새 아담께서 세례를 받으심은
너무 놀랍고도 큰 기쁨의 사건입니다
우리를 거룩하게 하시기 전
먼저 요단강을 거룩하게 하셨으니,
세례를 받으시고 물에서 나오실 때
그 물이 은총의 물이 된 것을 믿습니다
그 은총의 물로 다시금
저희를 깨끗이 씻고 또 씻어 주소서

영원하신 하나님,
그리스도께서 세례 받으실 때
요단강 물이 성화되었듯이,
우리도 구원의 샘에서
그 물을 마시게 해 주소서
다시 물과 성령으로 깨끗하게 해 주시고
당신의 종 요한에게 세례를 받으시며
자신을 낮추심으로써

겸손의 길을 가르쳐 주셨으니,

우리도 겸덕에 이르게 하소서

또한 세례를 통하여

세례 받을 이들에게

회개의 문을 열어 주시며

온갖 추악에서 벗어나

당신의 자녀가 되게 하신 것처럼

당신을 찾는 모든 이들도

당신의 자녀가 되게 해 주소서

이 날에 선포된 크나큰 신비가

영원무궁토록 세상에 임하여

세례 후에는 죄가 말끔히 씻겨지며

새롭게 다시 나는 은총을 부어 주소서 † 아멘

♣ 인생을 즐겁게 지내고자 하는 사람,
　그 사람은 누구냐? 좋은 일을 보면서
　　오래 살고 싶은 사람,
　그 사람은 또 누구냐? (시 34:12-14)

그 사람은 또 누구냐?

"그 사람은 누구냐?"고 물으시는 주님,

"그 사람은 또 누구냐?"고 다시 물으시는 주님,

인생을 즐겁게 지내고자 하는 사람,

좋은 일을 보며

오래 살고 싶은 사람 말이시죠?

예, 바로 제가 그 사람입니다

그러려면 당신의 말씀을 들으라고요

당신의 어지심을 맛들이라고요

예, 그렇게 하겠습니다

하오나 주님,

말씀을 듣다보면

제 생각이 가득 차서

당신 말씀이 제 귀를 통해

가슴으로 오는 동안

구부러지고 더러워집니다

제 영혼으로 퍼지지 못합니다

그 말씀이 저를 살리는 생명의 말씀이라고

입술로는 번드르르하게 고백하면서

마음은 당신과 동떨어져서

말씀대로 살아내지 못합니다

당신과의 마땅하고도 올바른 관계가

맺어지지 않은 까닭입니다

당신의 뜻과 계획을 몰라서

왜 그런 말씀 하시는지 알아차리지 못하고
딴전을 피웁니다
용서해 주십시오
오 주님,
당신께 피신하는 자는 복되다 하셨으니
당신을 경외하는 길을
말씀 속에서 찾게 해 주십시오

"좋은 일을 보면서 오래 살고 싶으냐?"고
물으시는 주님,
"인생을 즐겁게 지내고 싶으냐?"고
또 물으시는 주님,
예, 그렇게 하고 싶습니다
하오나 주님,
저는 당신의 말씀을
한 귀로 듣고 다른 쪽 귀로 흘려 버립니다
건성 듣기 때문에
당신께서 무엇을 말씀하시는지
그 핵심을 파악하지 못하니

말씀의 의미에 집중하지 못합니다

당신의 말씀을 들으러 왔다면서

몸만 와 있지

마음과 생각은 세상 일들에 팔려 있거나

잡다한 고민거리로 가득 차 있어서

당신의 말씀을 제대로 듣지 못합니다

당신을 주님이라 부르면서

무엇을 해 주십사는 청원만 늘어 놓은 채

당신께서 저에게 말씀하시고자 하는 내용은

건성 들으려고 합니다

용서해 주십시오

오 주님,

당신을 피난처로 삼는 사람은

큰 복을 받는다 하셨사오니

당신을 경외하는 마음으로

말씀 안에서 부족함이 없게 해 주십시오   †아멘

♣ 나는 마음이 온유하고 겸손하니,
   내 멍에를 메고 나한테 배워라.
그리하면 너희는 마음의 쉼을
   얻을 것이다. (마 11:28-30)

가벼운 짐, 마음의 쉼

짐을 내려 놓으라시는 주님,

제 짐이 무거운 것을 어떻게 아셨죠?

제 영혼의 진땀을 꿰뚫어 보셨죠?

주님, 무거운 짐에 눌려

어깨뼈가 으스러졌습니다

당신은 뼈를 가지런히 해 주실 뿐만 아니라

무거운 짐에 눌려

쉼을 얻지 못한 마음까지도

치료해 주마고 하시니

너무 반가워 어쩔 줄 모릅니다

편히 쉬도록 해 주마시는 주님,
당신 멍에를 메고 당신께 배우면
편히 쉴 수 있다고요?
주님, 부디 저를 쉬게 해 주십시오
당신 안에서 세상 시름 모두 잊어버리고
영혼의 안식을 얻고 싶습니다
일에 지치고
사람들에게 시달리고
자신과의 싸움에 기진하여
때로는 질식할 것 같습니다
당신께로부터 오는 도움을
기다릴 힘조차 없을 때가 있습니다
그런데 당신은
당신께 오는 자들을 안식하게 해 주신다니,
이보다 더 기쁜 소식이 어디 있겠습니까!
갑자기 생기가 솟고 마음이 밝아집니다
주님, 당신의 그 안식을 저에게 주시옵소서

영혼이 안식을 얻도록 해 주마시는 주님,

참된 쉼을 준비하신 당신께 달려옵니다

바쁜 일을 포기하는 것이

안식이 아니라고 가르쳐 주시는군요

제 삶의 자리에 합당한 자로 서 있음이

곧 안식임을 일러 주시는군요

자신과의 다툼이 없는 침묵,

고요하고 깊은 거룩,

보다 충만한 믿음,

최상의 목표인 당신께 정향된 사랑 –

이것들이 빗나가지 않고

영속적인 흐름을 유지하는 것,

그것이 참 쉼임을 깨우쳐 주시는군요

주님, 바로 그 참 안식을

제게 주시옵소서   † 아멘

♣ 향내 그윽한 이 산의 어린 사슴처럼,
빨리 오세요 . (아 8:14)

빨리 오세요

님이여, 아름다운 내 님이여,
살짜기 오마는 약속을
잊어버리셨나요?
간밤 내내 참나무 숲에서
당신을 기다렸지요
바람의 수줍은 간질임이
나른한 슬픔을 몰고 왔어요
아 아
당신은 아마도
제가 숲을 떠난 다음
그리로 찾아오셨겠지요?

언제나 당신은 그렇게 하셨어요

새벽에 창가에서 당신을 기다리다
황혼녘에 저녁밥을 지으러 부엌으로 간 사이
제 방에 와 앉아 계시곤 하지요
하염없이 제 방에서 기다리노라면
당신은 뜨락을 거쳐 산등성이로 올라가 계시지요
그러나 오늘만은 그러심 안 돼요
긴히 드릴 말씀이 있어서요
오늘 밤 안으로 빨리 오세요
향내 그윽한 이 산의 어린 사슴처럼,
님이여, 빨리 오세요

님이여, 사랑하는 님이여,
제가 정녕 마음에 드시거든
어서 와 주세요
급하게 결정할 일이 있어서요
당신의 시간표를 알고 싶어요
당신이 저를 무엇에 쓰실지,

앞으로 당신 나라를 위하여
제가 무엇을 해야 하는지,
오늘 알아야만 하겠어요
선택의 갈림길에서
당신을 애타게 찾고 있어요
예전처럼 제가 가고 싶은 길을
천연덕스럽게 갈 수도 있겠죠
당신께 여쭤보지 않고
제멋대로 길을 접어들 수도 있겠죠
하지만 이젠 그러고 싶지 않아요
그래서도 안 되고 그럴 수도 없어요
당신을 조금 알고부터
당신 사랑을 느끼고부터
저는 당신을 님으로 모시고 있어요
제 눈길은 이미 세상을 떠났어요
오직 당신께로만 향하고 있어요
그러니 님이여, 오직 한 분 님이여,
제게로 어서 와 주세요
님이여, 멋진 내 님이여,

그 때는 당신의 침묵이 무언지 몰라

오랫동안 참을 수 있었지만요

그러나 이제는 당신의 부재를

홀로 견뎌내기 힘들어요

함께 계시기만 하면

모든 문제가 해결되니까요

당신 가슴에 기대기만 해도

사랑의 화살을 맞을 수 있으니까요

당신을 사랑하지 않고는 못 배겨요

당신이 사랑하시는 사람들을

사랑하지 않고는 못 살아요

아 아 아, 사랑의 신비에 휘감겼어요

당신이 주시는 춤추는 평화,

그것만으로도 저는 만족해요

보고 싶은 님이여, 나의 님이여,

어서 오세요

빨리 오세요   † 아멘

♣ 주님, 보십시오. 주님께서 사랑하시는
사람이 앓고 있습니다. (요 11:1-4)

사랑하는 사람이 앓고 있습니다

주님, 지금 어디 계시죠?

제가 사랑하는 사람이 앓고 있습니다

당신이 사랑하시는 이가 앓고 있습니다

당신이 그토록 사랑하신 마리아와 마르다가

당신을 모셔오도록 심부름꾼을 보낸 것처럼,

저도 당신께 사람을 보낼 것입니다

제 친구가 고열에 시달리고 있습니다

의사의 왕진도, 해열제도,

전혀 도움이 되지 않습니다

모두들 어떻게 해야 할지 몰라

안타깝게 서성거리기만 합니다

이 때 당신이 오셔야 하는데
어디에 머물고 계신가요?

주님, 오시지 못하시면
전갈이라도 보내 주십시오
당신이 사랑하시는 사람이 몹시 앓고 있습니다
제가 사랑하는 이가 죽어가고 있습니다
당신께서 보시면
죽을 병이 아니라고 말씀하시겠죠?
오히려 하나님의 영광을 드러낼 병이라고
따뜻하게 위로해 주시겠죠?
그런데 위로하는 게 조심스럽습니다
자칫하면 욥의 친구들처럼
죄 때문에 앓는다는 뼈 아픈 말을 해서
환자의 상처를 쑤셔놓기 쉽거든요
그렇다고 더 큰 영광을 위하여
받는 고통이 병이라고 말하여
제가 짐짓 구세주가 될 수는 없잖아요?
당신이 오시면 그가 살아날 텐네

지금 어디에 계신지요?

사랑하는 주님,

저희는 종종 앓는 이들 앞에서

말문이 막혀 버립니다

적합한 위안의 말을 찾지 못해

알맞는 말을 고르느라 끙끙거립니다

'고통의 터널도 끝이 있다'고 할까요?

숨겨진 영광을 멀리 내다보며

희망을 품으라고 해도 될까요?

'고통은 은총의 발판'이라고 할까요?

"네 고통에 동참하지 못해 미안해.

그러나 널 사랑해."

이렇게 말하며 그의 손을 살포시 잡고
조용히 기도해 주는 건 어떨까요?

주님, 당신이 사랑하는 사람이 앓고 있습니다
오셔서 낫게 해 주십시오
깨워 일으켜 주십시오
당신의 목소리만 들리면
제가 사랑하는 이가
벌떡 일어날 것입니다
당신을 사랑하는 그는
당신과 눈이 마주치기 무섭게
당신 영광을 알아보겠기 때문입니다
주님, 꼭 오실 거죠? †아멘

♣ 하나님보다 조금 못하게 하시고,
　　그에게 존귀하고 영화로운
　왕관을 씌워 주셨습니다. (시 8:1-9)

낭떠러지 체험

주님, 어릴 적에는 밤마다
참 무서운 꿈을 꿨습니다
날개 없이 날다가 계곡에 떨어지는 꿈,
낭떠러지 끝에서 발을 잘못 디디는 꿈,
쫓기고 있는데 발걸음이 안 떨어지는 꿈,
그 때마다 식은땀을 흘리며
잠꼬대를 하고 꿈을 깨곤 했습니다
철이 들고서부터는
저의 현실과 일상 속에서
무시무시한 '낭떠러지 체험'을 합니다
하나님께서는 분명히 인간을

당신 다음가는 자리에 앉히시고
존귀와 영광의 관을 씌우셨습니다
그러나 바로 그 존귀한 인간 안에
밑도 끝도 없는 이중성이 존재하다뇨!
저는 요즘 사도 바울처럼
제 안의 이중성을 고발하며
낭떠러지 끝에 서 있습니다
해야 하겠다고 생각하는 선은 행하지 않고
해서는 안 되겠다는 악을
어느샌가 저지르고 있으니 말입니다
인간의 이 가련성,
인간의 이 잔인성이
저를 수시로 낭떠러지에 쓰러뜨립니다

주님, 한마음이신 주님,
당신의 일의성(一義性)을 닮고 싶습니다
몸서리쳐지는 이중성,
자칫 발을 잘못 디디면
밑으로 추락해 악실박살 낼

그 낭떠러지를 없애 주실 수는 없을까요?
형제에게 손해를 입히고 고통을 주고
자신은 만족스럽게 웃고 있는
'이중성이라는 낭떠러지' 말이에요
한 세상 사는 것이
끊임없는 '낭떠러지 체험'이라뇨!
앞으로 이것을 어떻게 극복할런지요?

사랑의 주님,
물론 저희의 불행은 곧 행복으로 둔갑합니다
행복한 순간도
언젠가는 불행으로 바뀔 수도 있습니다
저희가 살고 있는 이 세상은
한 쪽은 가난, 다른 쪽은 부요,
다른 쪽은 행복, 한 쪽은 불행을 겪기 마련입니다
인류의 숙명적 낭떠러지는
이 세상 끝나는 날까지 계속되겠지요
그렇지만 당신을 믿는 저희는
이 이중성의 낭떠러지가

인간실존의 절대적 원리가 아님을 믿습니다
인간의 이중구조는 언젠가는 붕괴되고
당신의 일의성에 의해
말끔히 씻겨지리라 희망합니다
새 예루살렘이 하늘로부터 내려올 때
하나님의 집이 사람들이 사는 곳에 자리잡고
저희가 하나님의 백성이 될 그 날은
이미 새롭게 된 저희를
당신과 하나되게 하시리라 믿습니다

"무한자에 비하면 하나의 무요,
무에 비하면 하나의 전부"리는 명언을

주야로 곰새겨봅니다

아무것도 아닌 것을 무엇인 것으로 만드시고

영화롭게 만들어 주신 당신의 사랑,

바라보며 통곡할 따름입니다

하나님보다 조금만 못하게 만드신

저희들이 엄청난 죄악을 저지르며

전락하고 있는 이 낭떠러지를 다시 기어올라

에덴으로 회귀하도록

손 붙잡아 인도해 주옵소서

'빛이 가득한 낭떠러지인 그리스도',

그 안에서 부활을 살 때까지

더 이상 굴러떨어지지 않게 하옵소서

빛이 가득한 낭떠러지와

인간의 낭떠러지가 펼쳐 가는

놀라운 당신의 신비를 체험케 하옵소서

그 빛이 이 비천한 존재를 거룩케 하는

광채가 되게 하옵소서   † 아멘

♣ 저 소리, 나의 사랑하는 이가
   문을 두드리는 소리. (아5:2)

저 소리, 문 두드리는 소리

내 사랑, 나의 신랑 예수여,

저는 오늘 밤

제 방문 옆에 붙어 있습니다

당신의 문 두드리는 소리를 들으려고

문에 귀를 바짝 대고 서 있습니다

잠자리에 들었으나

말짱하게 깨어 있기에

다시 일어나 문으로 달려왔습니다

혹시 잠이 깜빡 들었다가

당신이 문 두드리시는 소리를 못 들으면

어쩌나 해서요

이 밤, 이 동산을 떠나지 않은
산새들이 축제를 벌이는지
합창이 온 숲을 뒤흔들고 있습니다
이 노랫가락 때문에
제가 문 소리를 못 들은 것 아닐까요?

나의 신랑, 내 사랑 예수여,
어제 저를 찾아오셨을 때
제가 제 일에 골몰하느라고
당신이 문 두드리는 소리를 못 들은 것,
용서해 주실 거죠?
듣고도 짐짓 못 들은 체한 것이 아님을
진정으로 믿으시겠죠?
아무리 다급한 일이어도
제가 당신께 문을 안 열어 드린 것은
정말 잘못했습니다
죽을 죄를 지었습니다
당신은 머리까지 밤이슬에 젖어
어제 제 방문 밖에서 떨고 계셨죠?

뒤늦게서야 그 소식 듣고
얼마나 황송하고 미안했는지요!
간밤의 서운한 마음 푸시고
오늘 밤 늦게라도 꼭 오십시오
이제 제가 당신을 기다릴 차례입니다
뜬눈으로 밤을 새워서라도
당신의 발자국 소리, 그 소리,
문 두드리는 소리가 들릴 때까지
눈의 등불을 밝히겠습니다

내 사랑, 나의 신랑이시여,
그러나 한편 염려스럽습니다
저는 어제 한 번뿐 아니라
여러 번 당신께
문을 열어 드리지 않았으니까요
세상 재미에 묻혀
당신의 문 소리를 귀찮아했으니까요
아니, 평생 동안, 당신을 문 밖에
고의로 세워 놓았었으니까요

분명히 손잡이는 안에 있었는데
당신의 문 소리를 분별하지 못한 때도 있었죠
엉뚱한 장사꾼에겐 문을 열었습니다
놀러 온 친구들의 문 소리는
곧 알아들었습니다
참으로 용서받을 수 없는 저입니다
그러나 당신은 이해하신다고 말씀하셨죠?

그 땐 제가 낮에도 잠들어 있었거든요
그 시절엔 제가 줄곧 죽어 있었습니다
그 즈음엔 제가 병들어 있었습니다
염치없는 저를 용서해 주심 감사합니다
이제 정신 차리고 당신을 신랑으로 맞아
우아하고 화사한 혼례식을 치렀사오니
사랑하는 나의 님이여,
오시어 문을 두드려 절 불러 주십시오
"나의 사랑, 나의 신부"라고   ✝아멘

♣ 주님, 나의 애원하는 소리에
   귀를 기울여 주십시오. (시 130:1-2)

귀 기울여 들으소서

귀를 빌려 주세요, 주님,

제 사연에 귀 기울여 주세요

당신께서 이런 식의 조잘거림

그다지 좋아하시지 않는 줄 알아요

그러나 오늘만큼은 부디

저의 애원을 들어 주세요

그동안 전 무엇을 주십사고

떼를 쓰지 않았잖아요?

제게 부족한 어떤 것을 채워달라고

억지를 부리지 않았잖아요?

일생 동안 하도 받은 것 많아

그 무엇을 더 달라는
면목없는 말씀은 드리고 싶지 않아요
가진 것만으로 풍족하기에
그것만 가지고도 감사하여
더 부어 주시기를 원하지 않아요
당신 앞에 마냥 고즈넉하게 앉아
사랑 충만한 눈길로 당신을
응시함만으로 충분해요
하지만 때로 당신께
대롱대롱 매달리고 싶은 일이 있지요
오늘이 바로 그 날이에요
주님, 귀 좀 빌려 주시겠어요?

지금 저는 간절히 바라는 것이 있어요
당신께서 꼭 들어 주셔야 하는 거예요
요 몇 달 동안 극도의 메마름과 어둠에
저는 기진맥진해 있어요
이것을 뛰어넘지 못하면
질식해서 죽을지도 몰라요

청원하오니

저를 이 깊은 구렁에서 건져내어

빛으로 들어가게 해 주세요

당신께서 어떤 애원을 들어 주시는지

어렴풋이 알고 있지요

당신을 향해 부르짖고 절박하게

구하는 마음이지요

오직 당신께로부터만

도움을 받을 수 있다는 믿음이지요

형제의 잘못을 용서하는 사랑이지요

예수님의 이름으로 말씀드릴 만한

부끄럽지 않은 내용이지요

그렇게 하고 있어요

그럼, 주님, 제 호소를 들어 주시는 거죠?

귀를 기울여 주세요, 주님,

당신의 계획이 이루어지는 것이

저의 기도의 목표예요

지금 당상은 세가 아뢰는 대로

이뤄지지 않는다 해도 감수하겠어요
마침내 당신 뜻이 성취되면 되니까요
과정상 안달복달하지 않을게요
당신의 뜻의 맥락 속에서
이뤄 주시기만 하면 돼요
주님, 듣고 계시죠?

제 애원을 듣고 계신 주님,
비록 제 기도말이 투박하고
두서없이 이 말 저 말 하지만
마음으로 기도하는 것 아시죠?
끝까지 참고 기다리시면서
꼭 필요한 대목이 언제 나올까
귀담아 듣고 계시죠?
피곤하게 해 드리는 쓸데없는 말씀은 삼가겠어요
제 뱃속까지 꿰뚫으시는 당신께서
공중에서 분해되는 기도타령 하지 않고
기도 속에서 기도를 배워가고 있다는 것을
모르실 리가 없으니까요

제 소원을 속속들이 아시면서도
얼마나 간절하게 청원하는지 알고 싶으시죠?
그래서 저는 입술을 정화하고
마음을 가다듬은 후 엎드렸어요

주님, 귀담아 듣고 계신가요?
구원에 맞는 존재로 만드시려고
존재에 대한 격려를 부으시며
관심과 애정을 기울여 듣고 계시죠?
변형되지 않은 존재로 기도하면
다시 옛날로 돌아가
죄악된 생활을 반복할 것이기에
기도하는 가운데 존재가 바뀌기를 기대하시며
가슴을 태우시며 기회를 주시는 것 알아요
올바로 간구하지 않았는데도
당신은 고맙게도 제 기도를 들어 주셨지요
제가 몹쓸 짓을 그치지 않았는데
기도가 이뤄질 경우
기도를 잘 했기 때문이 아니라

스스로 놀라 회개하고 돌아서서
당신의 응답에 맞는 존재가 되기를
간절히 원하시는 까닭임을
알아차리고 있어요

제 청원에 귀 기울이시는 주님,
당신과의 관계 속에서의 타당성을 생각하며
전체 속에서의 조화를 구하겠사오니
제발 귀 기울여 주세요
자기중심에서 벗어난
공동의 선익을 위한 내용에
초점을 맞출 거예요
제 기도가 이뤄질 때
제 이웃이 불이익을 당하는 것은
결코 바라지 않거든요
또한 존재내면의 일치를 도모하여
당신께 아뢸 거예요
무엇을 이뤄 주십사 말씀드리며
내면에서는 그게 아니라고 부정하는

위선적인 기도는 하지 않겠어요

사랑의 의도만 지니신 주님,

제 기도에 줄곧 귀 기울이시는

당신 모습을 상상하노라면

번번이 울음을 터뜨리지 않을 수 없어요

제 쪽에서는 약속을 지키지 않고

받기만 하겠다는 심보가 드러나서요

그럼에도 불구하고 단 한 번도

사랑하시지 않는다고

말씀하시지 않으시는군요

당신의 가이없는 사랑 때문에

이 돌멩이처럼 굳은 인간도

마침내 깨지고 부서질 날이 오리라 믿어요

지금까지 제 기도를 들어 주심,

감격스럽고도 감사합니다

제 애원을 들어 주신 것,

눈물로 감사드리며 찬양합니다   †아멘

♣ 어찌하여 나를 찾으셨습니까?
내가 내 아버지의 집에 있어야 할 줄을
알지 못하였습니까? (눅 2:41-52)

첫사랑을 되찾고파

예수님, 당신은 도대체 누구십니까?

지혜와 빛 그 자체시라고,

기쁨, 평화, 사랑이시라고,

진리와 생명 그리고 길이시라고,

정답을 외우듯 쏜살같이 대답합니다

그런데 당신은 과연

저희가 정의할 수 있는 분이신가요?

여기서부터 저희는 길을 잘못 들어섭니다

당신을 어떤 틀에 가두는 오류를

용서해 주십시오

그렇다면 예수님,

당신은 정녕 누구십니까?

예수님, 당신은 하나님 아버지 집에
계셔야 하는 분이십니다
그러나 어머니 마리아와 함께
아버지 요셉의 집에 머무셨습니다
그런데 저희는 당신을
엉뚱한 곳에서 찾고 있습니다
길에서 잃고 집에서,
산에서 잃고 바다에서 찾으며
시간을 허비하고 있습니다
당신을 언제 어디에서 만날 수 있는지
가르쳐 주옵소서

내 아버지의 집에 있어야 할 줄
왜 모르셨냐고 반문하시는 예수님,
당신은 당신이 오신 곳을 말씀하십니다
아버지께로부터 와서
아버지께로 돌아가셔야 하심을 알려 주십니다

요셉은 마리아와 함께 가시는 줄 알았고
마리아는 요셉과 함께 가시는 줄 알았던 것처럼,
저희도 당신이 으레 저희와 함께 가시는 줄 알고
무심하게 길을 가다가
당신을 놓쳐 버립니다
당신을 모시고 살아간다는 생각을 잊어버리고
혼자 살고 혼자 일하다가 낭패를 당합니다
성전에 계신 줄 알고 정신이 번쩍 들어
마침내 그리로 찾아간 요셉과 마리아처럼,
당신 계신 곳을 정확하게 알아
눈길을 고정시키게 도와 주시옵소서

내 아버지의 집에 있어야 할 줄
왜 모르셨냐고 반문하시는 주님,
당신은 당신이 오신 곳을 말씀하십니다
아버지께로부터 와서 아버지께로 돌아가셔야
하심을 알려 주십니다
한참 방황하다가
이제 겨우 당신께 돌아온 저희들은

모두 망가지고 초췌해진 모습이오나

받아 주시옵소서

다시는 탈선하지 않게 도와 주시고

어디서 당신과의 첫사랑을 잃었는지

되찾게 하시며

그곳에서 다시 시작하도록 인도해 주소서

또 인간으로서 부모에 대한

효도의 의무를 이행한

당신의 충실함을 닮게 해 주소서

그리하여 당신이 누구신지

점점 더 분명히 알게 해 주시옵소서   † 아멘

♣ 신랑의 친구는 신랑이 오는 소리를
들으려고 서 있다가, 신랑의 음성을 들으면
크게 기뻐한다. (요 3:22-30)

신랑의 음성을 들으면

우리의 신랑 예수 그리스도여,

신랑의 목소리가 들리기만을 기다리고 있는

슬기로운 처녀들처럼

우리들을 신부로 맞아 주시기를 바라며,

오늘도 기쁨에 넘쳐

등불을 들고 서 있습니다

신랑의 친구인 세례요한이

당신 목소리가 들리면 기쁨에 넘친다고

말했듯이 말입니다

당신이 우리의 구세주이시며

당신만이 유일한 구원이신데도

저희들은 때때로 교만한 마음이 들어
당신의 자리에 올라가 앉아
우리가 구세주인 듯
들러리가 신랑인 줄 알고 우쭐합니다
예수 그리스도여,
당신이 우리의 구세주임을 확실히 알게 하소서
그리하여 당신은 더욱 커지시고
우리는 작아지게 하소서

예수 그리스도, 우리의 신랑이여,
신랑의 음성이 들리기만을 고대하고 있는
지혜로운 처녀들처럼,
우리들을 신부로 영접해 주시기를 바라며
오늘도 행복에 넘쳐
등불을 들고 서 있습니다
저희들은 다른 사람들의 선행이나 공로를
인정하는 데 너무 인색합니다
자신이 영광을 받는 것은 무던히도 좋아하면서
내 이웃과 형제들에게

영광이 돌아가는 것은 참지 못합니다
남을 헐뜯고 잘못되는 것을 고소해하는 저희들은
피상적인 사랑도 할 수 없는 자들입니다
그런데 세례 요한은
자기의 제자들이 당신께로 다 몰려갈 때
자신은 그리스도가 아니라
사명을 띠고 그 분 앞에 길 닦으러 온
사람이라고 말했습니다
그의 자기부인을 본받게 해 주소서
그리하여 당신은 더욱 흥하시고
저희는 쇠하게 하소서

우리의 신랑 예수 그리스도여,
신랑의 친구인 세례요한이
당신 목소리가 들리면 기쁨에
넘친다고 말한 것처럼,
저희도 당신의 목소리가 들리기를
기다리고 있습니다
형제들의 장점을 기뻐하고 배우려는 마음이

언제쯤이나 생길런지요?

독불장군으로 혼자만 잘 하고

홀로 칭찬 받고 높아지고 싶어합니다

마음을 합하여 선한 일을 이루며

초월적 사랑을 실천해야 한다는 것을

머리로만 알고 있습니다

형제들의 업적을 큰 기쁨으로 축하할 수 있는

형제긍정의 자세를 주시옵소서

예수 그리스도여,

당신이 우리의 구세주임을 명백히 알게 하소서

그리하여 당신은 더욱 커지시고

저희들은 작아지게 하소서   † 아멘

당신 안에서 기쁨을

당신 안에서 누리는 기쁨을 강조하신 주님,
오늘은 사도 바울을 통하여
당신 안에서 기뻐하라고 일깨워 주시오니
정신이 번쩍 납니다
그동안 저희는 자신의 생각과 마음 안에서
혼자 느끼고 깨닫느라고 부대꼈습니다
무엇이든지 당신 안에서 해야 한다고
말은 하면서
어느덧 자신에게로 돌아와
당신을 잊혀진 존재로 몰아냈습니다

오 주님,

당신 안에서 결정하고 행동함으로써

누구도 앗아갈 수 없는 기쁨의 삶을

향유하게 헤 주옵소서

신랑이신 당신과 함께 마침내 거기서

큰 기쁨을 누리게 해 주옵소서

당신과 함께 기뻐하라고 가르치신 주님,

오늘은 사도 바울을 통하여

당신과 함께 기뻐하라고 가르쳐 주시오니

새삼 깨달음이 옵니다

저희는 그동안 줄곧

스스로, 형제의 도움을 받지 않고

자신만만하게 일하고 사는 것을

큰 자랑으로 여기며 오만했습니다

그러다가 미끄러져 넘어지고

낙담하고 절망에 빠졌습니다

당신을 낯선 존재로 밀어냈습니다

오 주님,

당신과 함께하는 삶이라야

승리하는 삶임을 알아차림으로써

당신과 함께 걷고

당신과 같은 마음을 품고

당신 안에서 느끼고 생각하며

당신과 함께 기뻐하게 해 주옵소서

당신과 함께,

당신 안에서 살다가

마침내 거기서

완전한 기쁨을 공유하게

해 주옵소서   † 아멘

♣ 그 때에 모세는 손에 하나님의
지팡이를 들고 있었다. (출 4:18-20)

지팡이 하나

권능의 하나님,
당신께서는 약한 자를 들어 쓰십니다
자신의 무자격을 뼛속 깊이 인정하고
뒷걸음질친 모세에게
눌변 대신 능력의 음성을 주심으로써
큰 승리를 허락하셨습니다
당신은 못하시는 것이 없으신
절대권능자이시옵니다
오 하나님,
영광과 존귀를 받으시옵소서

전능의 하나님,

당신께서는 힘 없는 자를 들어 쓰십니다

자신의 무능력을 진정으로 절감하고

당신 앞에 무릎꿇은 모세에게

지팡이 하나를 들려 주심으로써

많고많은 기적을 허락하셨습니다

한때 뱀이 되었던 모세의 지팡이는

이제 당신의 지팡이가 되어

당신의 동행과 능력을 의미하는

가견적 상징물이 되었습니다

사명자가 되어 떠나는 모세에게

당신의 현존을 체험케 해 주셨습니다

당신은 하시고자만 하시면

못하시는 것이 없으신 전능자이시옵니다

오 하나님,

찬양과 영광을 받으시옵소서 †아멘

♣ 그러므로 우리는 그리스도교의
초보적 교리를 제쳐 놓고,
성숙한 경지로 나아갑시다. (히 6:1-8)

생명의 성숙으로 들어가는

교회의 머리 되시는 주님,
당신의 신비체를 이룩하는 한 지체로
저희를 불러 주심을 감사합니다
하오나 당신의 몸을 완성하기엔
너무 미숙하고 무력한 저희이옵니다
당신을 더 깊이, 그리고 더 많이 아는
지성의 성숙으로 오르게 하는
거룩한 은총을 주시옵소서
주님, 당신을 저희의 삶에 끊임없이 투영하여
생명의 성숙으로 들어갈 수 있는
큰 지혜를 내려 주시옵소서

제자리에 머무는 것이 아니라
전진하고 상승하도록
충만 에너지를 부어 주시옵소서

영원한 주인이신 주님,
'영원이신 당신'과 한 몸을 형성하도록
'순간인 저희'를 불러 주심을 감사합니다
여린 믿음 버리고,

당신과 저희를 분리시키는
부정한 일과 죄악을 버리고,
기초적인 틀에 박힌

설익은 교리와 구신관을 버리고,
새로운 진리, 당신과의 완숙한 만남을,
이미 시작된 하나님나라 안에서의
기쁨과 평화의 정의를,
지금 여기서 맛보게 해 주시옵소서
주님, 현재에서 미래를 살고
미완성에서 완성을 누리는 단계로
한 걸음씩 오르도록 해 주시옵소서
미숙을 벗고 성숙을 입는
복된 자들이 되게 해 주시옵소서   † 아멘

♣ 사랑은 불의를 기뻐하지 않으며,
　진리와 함께 기뻐합니다. (고전 13:4-7)

사랑의 순환로

사랑이신 하나님,

오직 사랑으로 세상을 창조하시고

다만 사랑으로 사람을 빚으시며

오로지 사랑으로 숨을 불어넣어 주심,

눈물로 감사드립니다

영원한 생명을 함께 누리시고자

죄의 길에서 돌이킬 수 있는

크나큰 은총을 내려 주시고

하나밖에 없는 당신의 아드님을

선물로 안겨 주셔서

사랑의 순환로에 들어서게 해 주심,

엎드려 감사드립니다

사랑의 원천이신 하나님,
그러나 저희는 사랑의 무능력자입니다
무엇을 해야 하고
무엇을 해서는 안 되는지 모릅니다
사랑의 송가를 통하여
당위와 금지 명령을 내려 주시니,
배우고 익혀서 실천하라시는 뜻인 줄로 믿습니다

인내와 친절의 열매를 맺도록

성령을 가득히 부어 주옵소서

신망애 삼덕을 주시옵고,

진리 안에서 기뻐 봄놀고

온갖 허물을 덮어 주는

사랑을 하도록 도와 주옵소서

시기와 자랑, 교만과 무례,

사욕과 원한을 버리고

겸손한 사람으로 바뀌도록

주부적 은총을 내려 주옵소서

사랑 자체이신 주님,

당신은 사랑 아닌 것은 말씀하시지 않습니다

오직 사랑으로만 가르치시고

사랑으로만 다스리십니다

당신 사랑을 본받게 해 주소서

사랑은 생색내지 않고

주면서 기뻐하고 받으면서 기뻐합니다

진리를 향하여 기뻐하며

진리 안에서 기뻐합니다
형제의 성공을 즐거워하며 기뻐합니다
형제의 참됨이 알려질수록 기뻐하며
서로 격려하며 칭찬하며 기뻐합니다
형제의 모든 것을 인정하며 기뻐합니다
오 주님, 형제와 함께 진리 안에서
기뻐하게 해 주소서

사랑 덩어리이신 주님,
당신은 사랑 이외의 것은 말씀하시지 않습니다
오직 사랑으로만 가르치시고
사랑으로만 섬기십니다
당신 사랑을 본받게 해 주소서
사랑은 내가 네 안으로 들어가
하나가 되는 것입니다
내가 네 안에서 녹고 사라져
마침내 네가 됩니다
언제나 너의 이익만을 생각하고 기뻐합니다
항상 너의 승리를 위해 도우며 기뻐합니다

너의 잘됨을 기뻐합니다
최상의 삶을 살도록 도우며
가장 좋은 것으로 주며 기뻐합니다
너의 입장과 처지에 서서 편의를 보아 주며
너의 행복을 기뻐합니다
나를 내어 주며 무작정 기뻐합니다
오 주님,
형제와 함께 당신 안에서
기뻐하게 해 주소서   †아멘

♣ 형제 자매 여러분, 나는 아직
　　그것을 붙들었다고 생각하지
않습니다. (빌 3:12-17)

아직은 아니지만 마침내는

우리의 희망이신 주님,
목표 없이 인생을 낭비하며 살았던 저희들을
당신 사랑 안에 불러모으신 후
끊임없이 목표를 향한 달음질을
하게 해 주시오니 감사합니다
'이미 그러나 아직은'
오지 않은 하나님나라를 향하여
달려가기로 작정한 저희들을
끝내 붙들어 주시는 은혜를 감사합니다
그러하오나 당신께 붙들려 있으면서도
다른 것을 붙들리고 좇이기는

유혹들에 걸려 넘어집니다
미련한 저희들을 용서해 주옵소서
뒤에 있는 것은 잊어버리고
앞에 있는 것을 향해야 하는데도
여전히 뒤를 보고 있는 저희들을 용서해 주옵소서
목표가 있는 달음질은 희망에 가득찬 것이오매
아버지께서 당신을 통하여 저희를 부르심은
당신 나라에 대한 희망을 품게 하심이오니
'아직은 아니지만 마침내는'
목표점에 다다르게 되리라고 확신합니다

우리의 희망이신 주님,
정처없이 인생을 떠돌며 살았던 나그네들을
당신 사랑 안에 불러모으신 후
끊임없이 목표를 향한 달음질을
하게 해 주시오니 감사합니다
'이미 그러나 아직은'
오지 않은 하나님나라를 향하여
줄달음치기로 결심한 저희들을
붙들고 계시는 은총을 감사합니다
그러하오나 저희는
당신이 저희를 사로잡으신 목적을 안다면서
이미 완전한 사람이 된 양 착각하고
앞으로 더 나아가지 못함을 용서해 주소서
낮은 데로 임하시는 당신의 겸손을
알아차리지 못하고
당신을 구주로 영접했다는 자만심으로
지상최대주의만을 향하여 달려가는
교만을 용서해 주옵소서
미숙한 저희이 믿음을 완숙케 해 주시어

그리스도 예수라는 푯대만을 바라보고
오늘도 내일도 쉼없이
달려가게 해 주옵소서
아버지께서 당신을 통하여 저희를 부르심은
당신 나라에 대한 희망을 지니게 하심이오니
'아직은 아니지만 마침내는'
목표점에 다다르게 되리라 믿습니다   † 아멘

♣ 그는 주님께서 세우신 그리스도를
보기 전에는 죽지 아니할 것이라는 성령의
지시를 받은 사람이었다. (눅 2:22-28)

성령이여 임하소서

그 옛날 시므온에게 임하셨던 성령이여,

오늘 저에게 오시어 임하소서

의롭고 경건한 사람 속에 머무시는 성령이여,

비록 불의하고 거룩을 잃은 저이지만

제 안에 머물러 계시옵소서

당신께서는 말씀을 붙들고

그 안에서 살아가는 사람에게

찾아오시어 머무신다고요?

당신이 불고 싶은 대로 부시지만

불고 싶으신 그곳이

바로 의롭고 거룩한 삶의 자리라고요?

당신께서 일하실 때
불어오는 그 능력의 기운을
느끼게 해 주옵소서

기다림의 실현을 음성으로 들려 주시는 성령이여,
주께서 약속하신 그리스도를 꼭 보게 되리라는 것을
시므온에게 명확하게 일러 주셨듯,
저에게도 당신의 음성을 듣게 해 주옵소서
기다리다 지쳐서 당신을 떠나가지 않고
끝까지 확신을 가지고
기다리는 자에게 오시는 당신을

만나게 해 주옵소서
그리하여 '마침'의 때로
인도 받게 하옵소서
첫아들 예수를 부모가 봉헌하고 있을
'마침' 그 때,
성전으로 인도 받은 시므온처럼
저희도 날마다 '마침'의 때로
인도 받게 해 주옵소서
제 안에 충만히 임재하셔서
평화의 길, 구원의 때,
위로의 날로 인도해 주옵소서

주님의 구원을 보게 하신 성령이여,
이스라엘의 영광이며 이방인의 빛이신
고대하던 그리스도를 뵈온 시므온처럼,
아기로 주님을 안게 되든
말씀으로 만나게 되든
사람 안에서 발견하게 되든
사건 속에서 현존을 뵙게 되든

기다리던 구주를 보게 해 주옵소서
저의 삶과 마음이 주께 붙들리도록
성령이여, 저를 사로잡아 주옵소서

찬양하게 하시는 성령이여,
자신의 눈으로 본 것을 고백하며
하나님을 찬양한 시므온처럼
제게 하신 약속의 말씀을 회상하며
하나님의 구원의 약속이 성취될 것을
미리 감사하며 찬양하게 하옵소서
잠시 스쳐 지나가는 상징으로써가 아니라
장차 완성될 구원을
구체적으로 체험하게 하옵소서
제 눈으로 제 자신의 구원을 볼 수 있도록
성령이여, 오셔서 머무시고 인도하옵소서
가득하게 넘쳐 흘러
찬양하게 하옵소서　✝ 아멘

보고 싶습니다

믿음으로 보라시는 주님,

믿음의 눈을 크게 뜨라시는 주님,

그 눈은 어디에 달린 것인가요?

그 눈은 가슴에 있는 것일까요?

아니면 더 깊은 곳에 박혀 있는 것일까요?

분명히 두 눈을 똑바로 뜨고 살고 있는데

볼 눈이 없다고

믿음의 눈이 없다고 말씀하시니

어리둥절합니다

하기야 저희들은 좋은 시력을 가지고도

세상 사물을 비뚤이지게 보고 삽니다

똑똑히 보았건만
뒤돌아서면 그것이 어떻게 생겼는지
그려낼 수 없습니다
어떤 시각에서 보았는가
어떤 마음으로 보았는가
어떤 상태에서 보았는가
그 때마다 달라지고 흔들리는
세상 것들이 두렵습니다

영안을 떠서 보라고 가르쳐 주시는 주님,
마음의 눈으로 보라고 일깨워 주시는 주님,
그 마음의 눈은 마음에 있는 것인가요?
그 영혼의 눈은 영혼에 있단 말씀이신가요?

마음은 어디에 있는 것이며
영혼은 어디쯤에 있는 것일까요?
이렇게 말씀드리면 당신은 당혹해하시며
몸과 마음, 영혼과 정신을 분리시키는
터무니없는 이론이라고 일축하시죠
시므온은 성령이 충만하며
주님의 약속을 믿고 살았기에
그 눈으로 주님의 구원을 보았습니다
'역사적 예수'를 자신의 눈으로 직격한 것을
고백하고 있습니다
가시적 구원의 목격이라니,
순전한 믿음의 눈으로 본 것임에 틀림없습니다

영적으로 매일 태어나시는
그리스도를 보라시는 주님,
'신앙상의 그리스도'를 증거하기를 원하시는 주님,
마음 안에 순간마다 오시는
당신께서 베풀어 주시는 구원을 노래하면
그것이 보는 것인가요?

만민구원의 확신을 안고
이방인들에게도 구원이 되시는
구주를 볼 수 있는 눈이 믿음의 눈인가요?
시므온이 종말론적 구원의 완성까지 보았듯이
저희도 구원을 보는 감격과
그 구원이 저희에게 와 있는 기쁨을
체험하게 해 주옵소서

오 주님,
구원을 볼 수 있는 눈을 주십시오
전혀 안 보이던 것을 볼 수 있게 해 주십시오
이전에는 희미하게 보이던 것을
또렷하게 볼 수 있게 해 주십시오
거꾸로 보이던 것을
바로 볼 수 있게 해 주십시오
섞여서 혼란스럽게 보이던 것을
오직 하나로만 볼 수 있게 해 주십시오
겉만 보던 눈으로 속도 보게 해 주시고
얕게 보던 것을 깊게 볼 수 있는 눈을 주십시오

좁게 보던 것을 넓게 볼 수 있는 눈을 주십시오
통찰의 눈과 직관의 눈,
그리고 혜안을 주십시오
시므온이 지녔던 예리한 영안을 주십시오
예언과 약속의 말씀을 믿는 자에게 주시는
믿음의 눈을 주십시오
저희는 보아야 살 수 있는 존재들입니다
볼 필요 없는 것들엔 눈 감게 해 주시고
오직 당신 나라와 당신만을 보도록 해 주십시오
그리스도 현존과 성령의 현존

그리고 성부의 현존을 날마다 보게 해 주십시오
저희 자신의 내면도 정확히 보게 해 주셔서
참 겸손으로 이 세상을 이기게 해 주십시오
마침내 종말론적 구원을 얻게 해 주십시오 ✝아멘

성 | 경 | 찾 | 아 | 보 | 기